La Cenicienta Hmong

Jouanah

Adaptado por

Jewell Reinhart Coburn y Tzexa Cherta Lee

Ilustrado por

Anne Sibley O'Brien

Traducido por

Clarita Kohen

 Shen's Books

Para mis padres, Ralph y Jewell Harkness Reinhart Sr.,
quienes amorosamente me tocaron con su varita
mágica de visión, compasión y posibilidad.
J.R.C.

Para mi pueblo y mi familia
T.C.L.

Para mis padres, John y Jean Sibley,
cuyo amor y espíritu pionero me abrieron todos los
mundos, incluso el de los hmong.
A.S.O.

English text copyright © 1996 by Jewell Reinhart Coburn with Tzexa Cherta Lee.
Illustrations copyright © 1996 by Anne Sibley O'Brien.
Spanish and Hmong text copyright © 1996 by Shen's Books.
Spanish translation by Clarita Kohen.
Hmong translation by Jean Moua and Tzexa Cherta Lee.
All rights reserved.
This book, or parts thereof, may not be reproduced in any form
without permission in writing from the publisher.
Shen's Books, 821 South First Avenue, Arcadia, CA 91006
Book Design by Greta D. Sibley.
Decorative patterns by Norman Sibley.
Printed in China

First Edition
10 9 8 7 6 5 4 3 2

Library of Congress Cataloging in Publication Data

Coburn, Jewell Reinhart.   Jouanah: a Hmong Cinderella /
adapted by Jewell Reinhart Coburn with Tzexa Cherta Lee;
illustrated by Anne Sibley O'Brien.
[32] p. 26 cm.
Summary: Despite a cruel stepmother's schemes, Jouanah, a young Hmong girl, finds true
love and happiness with the aid of her dead mother's spirit and a pair of special shoes.
English   ISBN   1-885008-01-5
Spanish   ISBN   1-885008-02-3
Hmong   ISBN   1-885008-03-1
1. Hmong (Asian people) — Folklore. [1. Fairy tales.
2. Hmong (Asian people) — Folklore. 3. Folklore — Laos.]
I. Lee, Tzexa Cherta. II. O'Briend, Anne Sibley, ill. III. Title.
PZ8.C64Jo 1995 398.22'089'95 — dc20 95-36353 CIP AC

Nota del Editor

Esta antigua leyenda nos fue presentada por Blong Xiong a través de un cuento titulado "The Poor Girl" ("La pobre niña"). Otra versión de esta historia, "Ngao Nao y Shee Na," aparece en *Folk Stories of the Hmong* (Historias folclóricas de los Hmong) por Norma J. Livo y Dia Cha. Nuestra historia se basa en estos recursos así como en las narraciones de tradición oral de la familia de Tzexa Cherta Lee.

El nombre por el que el pueblo hmong conoce al personaje de la Cenicienta es Nkauj Nog, el cual se pronuncia GO-NAH, que quiere decir joven huérfana. Para que la historia sea más comprensible para los lectores americanos, hemos elegido el nombre Ntsuag Nos, que se pronuncia JO-a-nah, que quiere decir tanto jóven huérfana como jóven huérfano.

La cultura hmong es muy rica y diversa, con una gran variedad de decoraciones en las vestimentas y color. Para las ilustraciones de este libro, hemos decidido utilizar el estilo del clan Hmong Azul. La falda de Jouanah es exactamente igual a una falda adquirida en Ban Vinai Camp, Tailandia, en 1979. Otros recursos utilizados comprenden fotografías y videos generosamente ofrecidos por la comunidad Hmong de Santa Bárbara, California.

En un claro de la montaña de la antigua tierra del pueblo hmong, vivían un campesino, su mujer y su hija, una bella y bondadosa muchacha llamada Jouanah.

—Nunca vamos a tener una buena cosecha a menos que consigamos una vaca —comentó agitado el campesino. Así que se encaminó con su mujer hacia el mercado. Se sorprendieron al ver que solamente había una vaca para la venta y otro hombre ya estaba regateando por ella.

Como no estaba seguro a quién debería venderle la vaca, el dueño propuso un concurso. Les sirvió unos tazones de humeante sopa de arroz y declaró. —El que termine primero la sopa tendrá derecho a comprar mi vaca por un precio muy razonable.

El primer hombre echó disimuladamente agua fría en la sopa y se la tomó rápidamente. El campesino, sin darse cuenta del truco, todavía la estaba soplando cuando el otro hombre se alejó pavoneándose con la vaca.

—Necesitamos una vaca para arar nuestros campos y transportar el grano —insistía la mujer mientras regresaban a la casa. —Deja que me convierta en vaca por algún tiempo para ayudar con la cosecha. Tú me podrás cuidar y todos tendremos una vida mejor.

Sin protestar siquiera, el esposo cogió tres varillas y las ató tres veces alrededor de los tobillos de su mujer, tres veces alrededor de sus muñecas y tres veces alrededor de su cabeza.

La mujer se convirtió en vaca entre el resplandor de los relámpagos y el estruendo de los truenos.

—Padre, ¡has comprado una vaca! —corrió Jouanah para recibirlos. —¿Dónde está mamá? ¡Qué contenta se va a poner!

—Jouanah, esta vaca es tu madre.

—¿Qué dices? —preguntó Jouanah confundida.

—Hice lo que tu madre me mandó hacer. El padre cabeceó hacia la mansa vaca que se hallaba a su lado, y le contó a su hija lo que había sucedido.

Pasmada con lo que había oído. Jouanah gritó desesperada, —Mamá, ¡por favor, regresa! Pero la mansa vaca ya no tenía oídos humanos y simplemente mugió.

Jouanah, con el corazón destrozado, se fue lentamente con la vaca hacia el campo.

Gracias a la ayuda de la vaca, el campesino prosperó. Pero entonces, en vez de transformar a la vaca en su mujer, el campesino egoísta se casó con otra. Le contó a la segunda mujer, que también tenía una hija de la edad de Jouanah, lo de su promesa de cuidar a la vaca .

—Pero, ¿qué es ésto? — dijo la mujer después de escuchar la historia de labios de su marido—. No sólo que la hija de su primera mujer es más hermosa que mi Ding, sino que también la vaca es más importante que yo.

Para peor, cuando se enteró que en realidad la vaca era la madre de Jouanah y que mágicamente hilaba carreteles de hilos de seda entre sus cuernos para la muchacha, el corazón de la segunda esposa empezó a consumirse de rabia. Mandó con cólera: —¡Ahora tu Jouanah y no mi Ding, será quien corte la leña, cocine y limpie esta casa!

Para mantener la paz, Jouanah y su padre trabajaron de sol a sol. Pero aún así, la madrastra y la perezosa de Ding se pasaban el día refunfuñando y rezongando.

—Esposo mío —lo llamó su mujer un día—. ¡Esta vida contigo me va a llevar a la tumba! Me siento muy mal —le dijo mientras se echaba sobre el colchón, alzando los ojos y gimiendo fuertemente.

—Ve al gran árbol seco en el linde del bosque. La madrastra se agarró de la cabeza como si se le fuera a partir. —Su espíritu te dirá cómo me puedes ayudar.

Pero apenas el esposo partió, la mala mujer pegó un salto y salió corriendo para tomar un atajo que la llevaría hacia el viejo árbol. Cuando el hombre se acercó al árbol, tomó tres pajuelas sagradas de incienso y las encendió con gran reverencia. Muy tímidamente pidió ayuda al espíritu.

Para hacerse pasar por el espíritu del árbol, la mujer fingió la voz y desde su escondite exclamó: —Tienes una esposa muy sabia, mi buen hombre. Pero hay una sola cosa que la puede ayudar. En los carreteles de hilo que Jouanah trae a la casa se esconde un espíritu diabólico. Quema todo el hilo y tu mujer se curará.

Con mucha tristeza, el campesino juntó los carreteles de brillantes hilos y los arrojó al fuego. Los hilos se transformaron en millones de chispas brillantes.

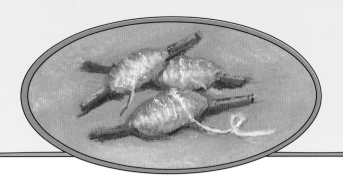

Pero al ver que día tras día seguían apareciendo carreteles de hilo por toda la casa, la nueva esposa supo que debería tomar medidas más severas.

—Esposo mío —lo llamó su mujer una mañana—. ¡Estoy tan enferma, no creo que pueda sobrevivir el día de hoy! Regresa al gran árbol seco en el linde del bosque. Se agarró del estómago como si se le fuera a reventar. —Su espíritu te dirá cómo me puedes ayudar.

Así que nuevamente el campesino se dirigió al árbol y le pidió ayuda al poderoso espíritu.

Para hacerse pasar por el espíritu del árbol, la mujer fingió la voz y desde su escondite exclamó: —Tienes una esposa muy sabia, mi buen hombre. Pero hay una sola cosa que puede salvarle la vida. Los buenos espíritus de tus antepasados exigen el sacrificio de una vaca. Mata la vaca y tu mujer no morirá.

—¿Matar a mi vaca? —dijo el hombre desconsolado.

De regreso a su casa el esposo se espantó al ver que la mansa vaca yacía sin vida en el lugar donde se había echado a descansar la noche anterior. Se había muerto de pena.

Jouanah y su padre se lo pasaron noche tras noche sentados sobre un tronco cerca del lugar donde habían enterrado a la mansa vaca.

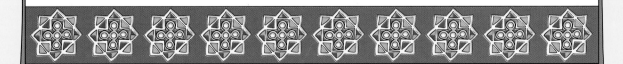

Fueron días muy tristes. Los pájaros callaron sus trinos. Las mariposas plegaron sus hermosas alas. Muy pronto el desesperado esposo murió de pena y la dulce Jouanah se encerró en su dolor. En cambio la madrastra hablaba hasta por los codos. Hablaba de su buena salud. Hablaba de sus ricos vestidos. Hablaba de sus planes para su distinguida hija Ding.

Con el correr del tiempo, llegó el Año Nuevo. La madrastra y su hija querían ser las primeras en llegar a los festejos de la aldea. Antes de salir, la madrastra llamó a Jouanah y le dijo:
—Asegúrate que el arroz esté limpio y listo para la cena. La cruel madrastra había mezclado un montón de piedrecitas entre los granos de arroz de la canasta.

Obediente, Jouanah pasó los primeros dos días de la fiesta de Año Nuevo quitando las piedrecitas del arroz.

Al fin Jouanah terminó su tediosa labor al tercer día y se sentó a descansar. Cogió la vieja cesta de costura de su madre y sacó el pedazo de cuero de vaca que había escondido cuidadosamente en el fondo de la cesta. Acarició su mejilla con la suave piel y cerró los ojos. "Manténte siempre ocupada, hija mía", resonaban en los oídos de la muchacha las palabras de su madre.

La obediente Jouanah tomó su costura pensando en la promesa de su madre. "Mi espíritu siempre te acompañará". De pronto, allí en la cesta aparecieron una falda, una blusa y un delantal maravillosamente bordados. Debajo de las prendas había una bellísima diadema para su cabeza y dos bolsos preciosos llenos de monedas que tintineaban al tocarlas. Pero, ¿qué era eso que brillaba debajo de la diadema? Con gran emoción, Jouanah descubrió un maravilloso collar de plata que refulgía con los destellos del sol de la tarde.

Jouanah se vistió con las maravillosas prendas. Le quedaban a la medida. Comenzó a girar y girar alegremente hasta que la falda se abrió en un abanico de bellos colores.

Volvió a buscar dentro de la cesta. Y entonces, delante de sus ojos, aparecieron unos delicados zapatitos. Parecía como que bailaban al compás de la música que venía de la aldea. En ese momento Jouanah oyó la voz de su madre. —¡Hija mía, ponte los zapatitos y corre a la fiesta!

Llena de felicidad, Jouanah volvió a meter el pedazo de cuero de vaca dentro de la cesta de costura y dejó que sus zapatitos le mostraran el camino hacia la aldea. Se preguntaba si alguien la reconocería.

—¿Quién es esa niña tan hermosa? —preguntaron los jóvenes de la fiesta.

—¡Uff!—murmuró entre dientes la madrastra al ver tal belleza. Pero nadie supo quien era aquella misteriosa muchacha. Ni siquiera la reconocieron cuando Jouanah participó en el juego de pelota.

Al final de la tarde los juegos se terminaban. En el linde del claro del bosque apareció un joven alto y apuesto. —¡Ha llegado Shee Nang! —exclamó todo el mundo, honrados por la presencia del hijo del Anciano de la aldea. Era un joven de gran cultura y riqueza.

Shee Nang comenzó a tocar su flauta de bambú. Su quij sonó dulce y suave. El joven comenzó a bailar al son de la flauta. Jouanah miraba encantada al flautista. Cuando sus ojos se encontraron, la melodía la abrazó con ternura.

La madrastra quería que el apuesto joven tocara para su hija, pero Shee Nang sólo tenía ojos para la hermosa doncella. Entonces, la madrastra tomó a Ding por el brazo y se la llevó corriendo hacia la casa.

Jouanah sabía que debía llegar a la casa antes que nadie para preparar la comida. Al correr, se metió en un lodazal, pateó una piedra y perdió un zapatito. Pero Jouanah no se atrevió a detenerse ni a mirar hacia atrás. Tenía que apurarse para llegar a la casa.

El apuesto Shee Nang corrió detrás de ella por el sendero. —¡Ajá! —exclamó cuando encontró el precioso zapatito. Lo levantó y lo limpió cuidadosamente. Luego, se prometió que nada lo detendría hasta encontrar a la dulce muchacha cuyo diminuto pie podría calzarlo.

Shee Nang la buscó de aldea en aldea. La buscó por las granjas. La buscó por los campos. La buscó de casa en casa. Todo el mundo supo que buscaba a la doncella que había perdido su zapatito.

Al fin llegó a la casa de Jouanah. —Por aquí, mi señor —le hizo señas la madrastra cuando vio que Shee Nang se acercaba. —¡Yo conozco ese zapato! Luego susurró fuertemente: —Ven, hija. Pero se espantó al ver que las dos jóvenes aparecían al mismo tiempo.

—No, no. Tú, no —dijo la madrastra tratando de deshacerse de la bella Jouanah.

—Por favor, quédese —insistió el joven.

—No se preocupe por ella —protestó la madrastra. Luego empujó a su hija hacia el taburete, delante de Shee Nang. Pero por más que trató, Ding no logró calzar el precioso zapatito en su grueso pie.

Entonces Shee Nang se volvió hacia Jouanah. —Por favor, siéntese aquí —le dijo. Con una sola mirada los dos se dieron cuenta que el zapatito calzaría perfectamente su pequeño pie. Pero por temor a la ira de la madrastra, Jouanah se retiró.

—Sería un gran honor para nosotras si se quedara a cenar —dijo la madrastra con la cabeza llena de planes para atrapar a Shee Nang.

Cansado por la extensa búsqueda, Shee Nang aceptó quedarse.

Inmediatamente la madrastra tramó otro plan. Iba a preparar dos clases de platos. Uno bien sabroso con carne y arroz. El otro con huesos pelados y cáscaras de arroz.

Antes de servir la comida, la madrastra apagó las lámparas de aceite para que el cuarto quedara casi a oscuras. Luego colocó el plato con la mejor comida delante de Shee Nang y Ding mientras le daba los huesos pelados a Jouanah. Tenía la esperanza que Jouanah se debilitara del hambre y no pudiera llamar la atención del invitado.

Pero el joven se dio cuenta de lo que la madrastra hacía y cuan dulcemente la pobre Jouanah soportaba la treta. Shee Nang se volvió hacia Jouanah y muy respetuosamente le dijo:
—Podríamos ver mejor con un poco más de luz. ¿Dónde están las otras lámparas de aceite?

Jouanah lo condujo lejos de la mesa. Al llegar al dintel de la puerta, sus ojos se encontraron otra vez. Sin necesidad de palabras, sus corazones se tocaron nuevamente. Los dos sabían que la aldea bendeciría su amor. Jouanah recogió en sus brazos la cesta de costura. Luego, se dirigieron a la casa de los padres de Shee Nang.

La madrastra y Ding corrieron hacia la puerta. Se quedaron mudas cuando vieron desaparecer a la pareja entre las sombras púrpuras de la noche cálida y fragante.

Después de la boda, Jouanah y Shee Nang partieron hacia su nueva vida. Pasaron por el lugar donde había sido enterrada la mansa vaca, por el lugar del gran árbol seco, por el verde arrozal y a través del claro del bosque. Finalmente cruzaron el ancho río y llegaron a los campos fértiles. Allí se dice que vivieron muy felices, por muchos, muchos años. Se cuenta que la tristeza de Jouanah se convirtió al fin en inmensa alegría.

Y según dicen, la madrastra y la holgazana de Ding todavía están paradas en la puerta de la casa, tramando, confabulando y creando desdicha para ellas mismas.

El mágico pedazo de cuero de vaca, todavía se halla escondido en el fondo de la vieja cesta de costura. Su espíritu espera la llegada del niño de Jouanah y su amado esposo. Y allí estará para el niño de ese niño, y para el niño de ese niño y otro más, y otro más y otro más, y siempre que esta historia se siga contando.

Los contribuyentes

La **Dra. Jewell Reinhart Coburn** ha vivido en el extranjero y ha estudiado una gran variedad de culturas . Es recipiente de un doctorado en administración de educación universitaria, y dos títulos honorarios, además de un sinnúmero de premios literarios. Sus otras obras para niños incluyen *Beyond the East Wind (Más allá del viento del este); Encircled Kingdom (Reino cercado); Khmers, Tigers and Talismans (Khmers, tigres y talismanes)* y *Lani and the Secret of the Mountain (Lani y el secreto de la montaña)*.

Tzexa Cherta Lee fue editor jefe de *Ntsuag Hlav*, una publicación hmong editada en Ban Vinai, Tailandia. A su llegada a los Estados Unidos, trabajó para las escuelas de Fresno como tutor, traductor, consultor y creador de materiales. Actualmente es un candidato para el doctorado en antropología en la Universidad de California en Davis, estudiando la lengua y la cultura hmong.

Anne Sibley O'Brien, hija de médicos misioneros, se crió en Corea del Sur. Conoció a los hmong en 1979 cuando sus padres trabajaban en el campo para refugiados Ban Vinai, en Tailandia. Tiene un título en arte y ha ilustrado diecisiete libros para niños los cuales incluyen *Talking Walls(Las paredes hablan) Welcoming Babies (Bienvenidos los bebés), Who belongs here? (¿Quién es de aquí?)* y *The Princess and the Beggar (La princesa y el mendigo)*.

Mai Kou Xiong es consultora del Hmong Literacy and Cultural Program (Programa de alfabetización cultural hmong) del distrito escolar de Lompoc Unified en California. Es una comunicadora muy eficaz y es un gran ejemplo para las mujeres hmong de hoy interesadas en adquirir un título universitario.

Shen's Books publica libros, para niños y jóvenes, que apoyan la afirmación de valores y virtudes universales. Jouanah: La Cenicienta Hmong se publica en inglés, español y hmong.
También se ofrece una guía para el maestro:
☎ 800-456-6660